LIBERTÉ — ÉGALITÉ — FRATERNITÉ

RITE ÉCOSSAIS ANCIEN ACCEPTÉ

DOCUMENTS

Pour servir à l'Histoire des Décrets rendus par le Sup∴ Cons∴ le 12 Mai 1879

Protestation de la L∴ 133 " LA JUSTICE " frappée de dissolution et rayée des contrôles du Rite Écossais

Protestation des FF∴ : Paul GOUMAIN-CORNILLE,
Vice-Président de la 1re Section.
H. DÉNUS,
1er Surveillant de la 1re Section.
Gustave MESUREUR,
Orateur de la 1re Section.
A. DUBOIS,
Secrétaire de la 1re Section.
Suspendus de leurs droits maç∴ pendant deux années.

Note rectificative pour la L∴ 133 " La Justice ".

PARIS
IMPRIMERIE DU F∴ L. HUGONIS
56, rue Notre-Dame-de-Lorrette, 56.

1879

BAYLOT
IMPR 1890

BAYLOT
IMPR 1890

DOCUMENTS

POUR SERVIR

A L'HISTOIRE DES DÉCRETS RENDUS PAR LE SUP∴ CONS∴

LE 12 MAI 1879

LIBERTÉ — ÉGALITÉ — FRATERNITÉ

RITE ÉCOSSAIS ANCIEN ACCEPTÉ

DOCUMENTS

Pour servir à l'Histoire des Décrets rendus par le Sup∴ Cons∴ le 12 Mai 1879

Protestation de la L∴ 133 " LA JUSTICE " frappée de dissolution et rayée des contrôles du Rite Écossais

Protestation des FF∴ : Paul GOUMAIN-CORNILLE,
Vice-Président de la 1re Section.

H. DENUS,
1er Surveillant de la 1re Section.

Gustave MESUREUR,
Orateur de la 1re Section.

A. DUBOIS,
Secrétaire de la 1re Section.

Suspendus de leurs droits maç∴ pendant deux années.

Note rectificative pour la L∴ 133 " La Justice ".

PARIS
IMPRIMERIE DU F∴ L. HUGONIS
56, rue Notre-Dame-de-Lorette, 56.

1879

AVANT-PROPOS

Le Sup∴ Cons∴ vient de prendre des mesures violentes qui peuvent faire croire aux F∴ F∴ éloignés de l'Orient de Paris que la franc-maçonnerie Écossaise est menacée dans son existence même.

En effet, l'at∴ n° 133, *la Justice*, a été dissous ; cinq députés de la 1ʳᵉ Section, investis aux dernières élections des principaux offices, ont été suspendus de leurs droits et fonctions mac∴ pendant deux années ; les questions depuis trois mois en discussion ont été rayées du rôle de cette section par un troisième décret.

Eh bien, on ne saurait trop le répéter, il n'y a pas lieu de s'émouvoir. Bientôt ce bruit s'éteindra, et il ne subsistera plus de cette agitation que les heureux effets d'une réorganisation de la maçonnerie symbolique sur des bases vraiment démocratiques.

L'Écossisme, il faut le comprendre, subit en ce moment une crise nécessaire. Aucune réforme humaine ne s'accomplit sans efforts ; tout progrès amène des déchirements. Les L∴ L∴ étouffaient dans le réseau trop étroit d'une réglementation arbitraire. Il fallait dénoncer les causes de ce malaise à l'opinion maç∴ et indiquer le remède. Cela est fait aujourd'hui, et les L∴ L∴ ne peuvent tarder à obtenir leur autonomie. Avec le levier puissant de la liberté, les at∴ pourront enfin apporter à la société prof∴ le concours que celle-ci est en droit d'attendre de la franc-maçonnerie dans la lutte engagée contre le cléricalisme.

Les décrets du 12 mai, quelque graves qu'ils puissent paraître, sont sans importance réelle sur la marche des événements qui vont s'accomplir. Ils ne manifestent que les dernières résistances d'un pouvoir personnel qui a cru trop longtemps, par une dictature sans contrôle, donner à la maç∴ Écos... la vitalité et la grandeur que la liberté seule peut lui assurer. La lumière doit être faite à cette heure dans l'esprit de notre vénéré et sympathique Gr∴ M∴ Ad∴ Crémieux. Il saura obtenir du Sup∴ Cons∴ les sacrifices nécessaires de personnes que les circonstances rendent indispensables.

Il faut néanmoins que les faits qui ont amené cette révolution maç∴ soient connus de tous les F∴ F∴ Les intentions des promoteurs de ce mouvement doivent être expliquées ; leurs espérances actuelles doivent être indiquées. Ces trois points vont être brièvement résumés, afin que rien ne reste dans l'ombre de tout ce qui s'est passé.

Les faits

Dès le début de l'année 1878, il s'est formé au sein de la 1re Section un petit groupe de députés de L∴ L∴ de Paris, de province et de l'étranger, animés d'un esprit sincèrement maç∴ Ils se sont donné pour mission d'introduire dans nos institutions les modifications libérales que les progrès démocratiques du monde profane rendent indispensables. Pour la réussite de ce plan, ils ont jugé utile d'habituer peu à peu les esprits à la nécessité de réformes. Successivement ils ont déposé dans le sac aux propositions de la 1re Section divers vœux qui ont tous été pris en considération par les députés, leurs collègues.

Il est bon d'en donner ici le texte pour préciser :

1° Nous avons la faveur de solliciter de la 1re Section l'application de l'article 155 des règlements généraux concernant l'absence non motivée des F∴ F∴ députés, pendant trois réunions. Nous voudrions aussi des règlements particuliers de la 1re Section.

(Memorandum n° 56, 1er trimestre 1878).

Signé : GAUTIER, BERNARD, DENUS, DELVAILLE, PONÇOT, NEDONCHELLE, DUBOIS, LEULLIER.

2° Les membres soussignés de la 1re Section de la Gr∴ L∴ C∴ émettent le vœu qu'à l'avenir le Président de la Section soit élu par les membres qui la composent.

(Memorandum n° 56, 1er trimestre 1878).

Signé : MESUREUR, GOUMAIN-CORNILLE, TUQUET, BOENS, BOUVIER, DELVAILLE, GAUTIER, NEDONCHELLE, LOUIS, FERRAUD, LÉVY, DE VILLARET, DELAITRE.

3° Les soussignés émettent le vœu que les difficultés qui peuvent s'élever dans les at∴ des trois premiers degrés symboliques, sur lesquels s'exerce spécialement l'action de la 1re Section de la Gr∴ L∴ Centrale, comme l'indique son titre de Section symbolique, soient renvoyées dorénavant à l'examen de la 1re Section par la Commission administrative, au lieu d'être adressées à la 3e Section, dite des *Hauts grades*, constituée particulièrement pour connaître des questions relatives aux atel∴ des 19ᵉ au 33 degrés inclusivement.

(Memorandum n° 56, 1ᵉʳ trimestre 1878).

Signé : MESUREUR, BLOIS, GOUMAIN-CORNILLE, DENUS, LOUIS, FAIVRE, MASSON, LESAGE, BEL, DUBOIS, SUIRE.

4° Les soussignés émettent le vœu que, pour faciliter les travaux de la 1ʳᵉ Section de la Gr∴ L∴ Cent∴, le Président, ou en son absence le Vice-Président, en tenue régulière, sur le vote conforme de la majorité des membres présents, ait la faculté de convoquer la 1ʳᵉ Section en tenues extraordinaires, sous la réserve d'en informer l'autorité du Rite.

(Memorandum n° 56, 1ᵉʳ trimestre 1878).

Signé : GOUMAIN-CORNILLE, BLOIS, MESUREUR, DENUS, MASSON, GAUTIER, LOUIS, LESAGE, MAICHAIN, NEDONCHELLE, FAIVRE, SUIRE.

5° Les soussignés demandent à ce que désormais, au dos des pl∴ de la 1ʳᵉ Section de la Gr∴ L∴ Cent∴, se trouve la liste des députés des L∴ L∴ du Rite, avec indication de l'at∴ auquel ils appartiennent.

(Memorandum n° 58, 3° trimestre 1878).

Signé : DUBOIS, BEL, BLOIS, GOUMAIN-CORNILLE.

6° Les soussignés demandent à ce que chaque année, après les élections, il soit adressé par les soins de la Commission administrative et exécutive, à tous les at∴ du Rite, la liste :

a Des membres du Sup∴ Cons∴ avec les nominations et décès survenus dans l'année ;

b Des membres de la Gr∴ L∴ Cent∴, avec leur répartition dans les trois sections ;

c Des membres de la Commission administrative et exécutive.

(Memorandum n° 58, 3° trimestre 1878).

Signé : GOUMAIN-CORNILLE, DUBOIS, BLOIS, BEL.

7° La 1ʳᵉ Section de la Gr∴ L∴ Cent∴ de France, vu la réunion en 1879 d'un convent des Sup∴ Cons∴ confédérés, Invite le Sup∴ Cons∴

a A soumettre à l'étude de tous les At∴ du Rite les réformes maç∴ dont il doit poursuivre la réalisation pendant la réunion du convent ;

b A renvoyer à l'approbation de leur Section respective les propositions émanant des At∴ de tous degrés et tendant au même but d'amélioration des institutions maç∴ ;

c A appeler la Gr∴ L∴ Cent∴, toutes les Sections réunies, à fixer et rédiger, dans les limites de ses attributions, le mandat du représentant de l'Écossisme en France, au sein du convent.

Tous ces vœux, si modérés en la forme et si équitables dans le fond, ont été rejetés ou ajournés par le Sup∴ Cons∴

Pendant que le terrain favorable aux idées de progrès était ainsi préparé à la 1ʳᵉ Section, la L∴ *la Justice* n° 133, prenant l'initiative de la libre discussion, inscrivait à l'ordre du jour de quatre de ses tenues consécutives la question suivante :

Examen critique et historique du Rite Écossais. Le Sup∴ Cons∴ La Commission administrative. La Gr∴ L∴ Cent∴ et ses trois Sections.

D'intéressantes notices, préparées par les F∴ F∴ Gustave Mesureur et Paul Goumain-Cornille, furent lues en ces séances désormais historiques dans les annales de la maç∴ Écossaise (1). De sérieuses discussions s'y engagèrent en présence et avec le concours d'un grand nombre de F∴ F∴ visiteurs des L∴ L∴ parisiennes. Le résultat

---

(1) Ces documents ont été adressés par leurs auteurs à tous les députés de la 1ʳᵉ Section et à tous les vénérables du Rite Écossais, pour être communiqués aux membres de leurs at∴ respectifs.

de ces laborieux travaux fut la rédaction d'un mandat impératif donné par la L∴ 133, *la Justice*, à son député, qui reçut mission de présenter aux délibérations de la Première Section une proposition demandant :

1° Qu'une commission fut nommée par elle à l'effet d'étudier et d'élaborer un projet de constitution maç∴ établissant l'autonomie des L∴ L∴ symboliques et instituant entre le Sup∴ Cons∴ et elles, dans les limites précises tracées par les grandes constitutions révisées de 1786 et le contrat d'alliance de 1875, un pouvoir intermédiaire émanant des at∴ at∴ et dont ceux-ci relèveraient directement;

2° Que ce projet de constitution, après son adoption par la 1re Section, fut soumis à l'étude et à l'approbation des L∴ L∴ symboliques du Rite Écossais ;

3° Que la 1re Section, statuant ensuite définitivement sur la teneur de ce projet, le soumit à l'approbation du Sup∴ Cons∴ de France pour en obtenir la promulgation et lui donner force de loi.

Le dépôt de cette proposition eut lieu à la séance du 18 mars dernier, et, comme il fallait s'y attendre, les députés de la section se divisèrent immédiatement en deux groupes bien tranchés.

Les uns acceptaient la discussion dans les termes du projet, les autres refusaient à l'Assemblée toute compétence pour entrer dans cet ordre d'études.

L'impossibilité d'un accord immédiat sur le principe de la nomination d'une commission fit renvoyer à une séance ultérieure la continuation des débats. Le président prit l'initiative de convoquer extraordinairement les députés pour le 15 avril, et le Sup∴ Cons∴ fixa en ces termes l'ordre du jour :

Examen de la proposition déposée par le F∴ Ballue, député de la L∴ N° 133, La Justice, à la réunion du 18 mars. — Nomination, s'il y a lieu, d'une commission d'études.

Le 15 avril, beaucoup de députés se présentèrent munis des pouvoirs les plus larges de leurs At∴ At∴ pour entreprendre l'étude des réformes demandées. Mais les amis du *statu quo*, hostiles à toute innovation, s'étaient bien gardés de réclamer de leur L∴ L∴, comme c'était leur devoir, des instructions spéciales. Unissant une seconde fois tous leurs efforts pour entraver la discussion, ils réussirent, malgré un éloquent discours du F∴ Ballue, à faire ajourner encore la nomination de la commission d'études.

Les débats devaient être continués à la séance du 20 mai et déjà tous les députés avaient reçu du Sup∴ Cons∴ une convocation mentionnant l'ordre du jour : — *Suite de la discussion sur la proposition du F∴ Ballue, député de la L∴ N° 133, La Justice. — Nomination, s'il y a lieu, de la commission d'études*, lorsque par un revirement de conduite inexpliqué le Sup∴Cons∴, se déjugeant lui-même, rendit les fâcheux décrets du 12 mai.

L'effet de ces mesures fut déplorable. Une grande agitation se manifesta aussitôt dans toutes les L∴ L∴ parisiennes, et le 20 mai, dès huit heures du soir, tous les F∴ F∴ présents à Paris se pressaient dans les tribunes du local maç∴, pour encourager de leur présence les protestations de leurs députés contre les actes arbitraires et violents du Sup∴ Cons∴ Il n'était pas douteux qu'un blâme énergique allait être infligé à l'auteur responsable de ces mesures anti-démocratiques et que tous les députés s'élèveraient avec indignation contre le troisième décret qui interdisait, à la 1re Section, toute discussion et toute appréciation portant ainsi atteinte aux droits de représentation des Loges. Déjà le F∴ Blois, orateur suppléant, réclamait avec instance que les portes de l'assemblée fussent rouvertes aux F∴ F∴ Goumain-Cornille, Denus, Mesureur, Dubois, Ballue, et appuyait son argumentation sur les termes exprès de l'article 410 des Règlements généraux, qui déclare l'appel suspensif ; lorsque le T∴ Ill∴ F∴ Granvigne, membre du Sup∴ Cons∴, président délégué de la Section, mal inspiré par les circonstances, et incapable d'écouter de sang-froid les vérités que les députés allaient lui faire entendre, eut le triste courage d'interrompre toute discussion en faisant éteindre déloyalement le gaz. Il s'en suivit un désordre regrettable dont la responsabilité doit remonter à l'auteur de cette indigne manœuvre, qui n'a pas craint d'assumer sur lui les conséquences d'un acte d'une telle gravité.

Il est aisé maintenant pour tout maç∴ impartial de voir de quel côté est la justice et le bon droit. La modération dans les actes et l'esprit de suite ne se trouvent certainement pas auprès du Sup∴ Cons∴.

Ce que nous voulions

Pourquoi ces rigueurs intempestives du Sup∴ Cons∴ ? Pourquoi ces brusques changements de conduite vis-à-vis de la 1re Section ? Pourquoi laisser ouvrir pendant deux séances une discussion qui devait être fermée à la troisième par un coup d'autorité ? Autant de questions qui ne peuvent recevoir de réponses.

Que voulaient les F∴ F∴ frappés de suspension pendant deux ans ? Simplement soumettre à l'étude un plan de réforme maç∴. Par quels moyens voulaient-ils faire triompher les idées qu'ils croyaient et qu'ils croient encore utiles au développement de l'Ecossisme ? Par la discussion libre et approfondie au sein de la 1re Section d'abord, dans les L∴ L∴ ensuite, de questions vitales pour notre institution. Est-ce là un si grand crime ?

Après avoir constaté que les L∴ L∴ Ecossaises en

France devenaient de moins en moins nombreuses et que les membres de ces Atel∴ se recrutaient de plus en plus difficilement dans le monde profane, n'était-il pas légitime de rechercher d'où pouvait provenir la prospérité presque universelle des L∴ L∴ Ecossaisses étrangères ? Etait-il possible de se refuser à voir dans les documents officiels que là où les L∴ L∴ symboliques vivaient dans l'indépendance absolue du Sup∴ Cons∴ elles croissaient et multipliaient, et que partout ailleurs elles étaient frappées de décadence irrémédiable ? Etait-il permis de ne pas tenir compte de ces faits ? N'était-il pas du devoir de ceux qui les avaient compris de signaler le mal à tous leurs F∴ F∴ et de présenter en même temps la liberté comme le remède infaillible ? Tel a été le but des brochures publiées par les F∴ F∴ Gustave Mesureur et Paul Goumain-Cornille. La circulaire du 15 avril, adressée à tous les At∴, n'a fait que résumer les éléments principaux de ces deux études.

Aujourd'hui la démonstration est faite et tout esprit impartial convient que sans désorganiser la hiérarchie maç∴ et sans violer aucun article de nos constitutions, il est possible d'établir en France, comme dans les autres pays, un pouvoir intermédiaire entre les L∴ et le Sup∴ Cons∴, pouvoir émanant des L∴ et recevant d'elles l'autorité nécessaire pour administrer les grades symboliques.

De quelle manière cette grande L∴ devait-elle être constituée ? jusqu'où devaient aller ses pouvoirs ; comment les L∴ L∴ symboliques devaient-elles y être représentées ? Telles étaient les questions qui devaient être examinées par la commission d'études et renvoyées ensuite par la 1ʳᵉ Section à la discussion de tous les At∴ du Rite, lorsque le Sup∴ Cons∴ a brutalement fermé la bouche à la 1ʳᵉ Section en annulant son ordre du jour.

Ce que nous voulons encore

Nous sommes frappés, mais nous ne désespérons pas de l'avenir. Nous avons voulu démontrer le mouvement en marchant. Peu importe que nous soyons momentanément arrêtés, d'autres vont reprendre notre œuvre inachevée et la mèneront à bonne fin. Quand une réforme est mûre dans les esprits, elle s'accomplit par la force des choses et les résistances du pouvoir ne font que hâter le moment où elle prend place dans l'ordre des faits accomplis. Privés de nos droits et fonctions maç∴ pendant deux années, nous avons protesté contre la décision qui nous frappe, et nous attendons avec confiance les résultats de l'appel que nous avons interjeté devant le Sup∴ Cons∴ mieux informé. En attendant, nous occupons nos loisirs à recueillir les documents nécessaires afin d'être en mesure de rédiger la constitution de la Gr. L∴ le jour, moins éloigné qu'on ne le suppose, où il sera permis de reprendre la discussion interrompue.

Conclusion

Au commencement de l'année 1878, le Sup∴ Cons∴ du Mexique communiqua à tous les Sup∴ Cons∴ et corps maç∴ du monde son décret du 16 janvier 1878, par lequel il fermait la Gr∴ L∴ du district de Mexico, constituée le mois de décembre précédent, et déclarait dissoutes les L∴ L∴ *Paix et Concorde, Le Monde, Les Atzèques* et suspendait divers F∴ F∴ de leurs fonctions maç∴

Le 4 février 1878, le Tr∴ Ill∴ F∴ Albert Pike, Souv∴ G∴ Comm∴ du Sup∴ Cons∴ des États-Unis (juridiction Sud), adressait au Sup∴ Cons∴ du Mexique une lettre remarquable dont je traduis divers passages sur lesquels j'appelle la méditation de notre Sup∴ Cons∴.

« ..... Ce qui vous arrive maintenant est déjà arrivé
« ailleurs. Le Sup∴ Cons∴ du Pérou a eu la même mau-
« vaise fortune. Les mêmes différends se sont élevés dans
« les Sup∴ Cons∴ de l'Amérique-Centrale. Dans la juri-
« diction de Colon, il y a eu une lutte fort vive entre le
« Sup∴ Cons∴ et les L∴ L∴ bleues. Dans la République
« Argentine, même trouble et dissension. En Belgique, le
« Sup∴ Cons∴ s'est trouvé dans la nécessité de consen-
« tir à l'indépendance des Loges bleues.

« Les mêmes causes produiront ailleurs les mêmes
« effets.

« Les F∴ F∴ qui composent les Loges symboliques
« savent qu'en Angleterre, en Ecosse, en Irlande, aux
« Etats-Unis, en Allemagne, en Suède, en Danemark, les
« at∴ de ces grades sont gouvernés par de Grandes Loges
« composées de leurs délégués. Ils deviennent opiniâtres
« et mécontents sous une forme de gouvernement diffé-
« rente ; ils la dénoncent comme aristocratique, oligar-
« chique, despotique, et à la fin entrent en lutte ouverte.
« Je pense que cela est absolument inévitable Tôt ou tard
« les maçons deviennent mécontents sous un pouvoir
« absolu et se recrutant lui-même, composé d'un petit
« nombre de personnes qui ne sont pas même obligées à
« rendre compte de leurs actions.

« Cela prouve aussi que lorsqu'un conflit de cette nature
« survient, le recours aux mesures de force ne supprime
« pas la difficulté, ne porte pas remède au malentendu et
« ne rétablit pas l'harmonie. Le pouvoir doit toujours à
« la fin suivre l'opinion.... »

D'aussi sages paroles n'ont pas besoin de commentaires.

Souhaitons que notre Grand-Maître les lise et en tire profit. Venant d'une aussi haute autorité que celle d'Albert Pike, elles ne peuvent manquer de faire une impression profonde sur son esprit toujours si disposé à accueillir la vérité.

PIÈCES JUSTIFICATIVES ET DOCUMENTS

	Pages
1° Proposition déposée par le F.˙. Ballue..............	18
2° Circulaire du 15 avril 1878.......................	21
3° Décret du Sup.˙. Cons.˙. frappant de dissolution la L.˙. 133, *La Justice*...........................	25
4° Décret du Sup.˙. Cons.˙. suspendant de leurs droits Maç.˙. les FF.˙. :	
Paul Goumain-Cornille, Vice-Président de la 1ʳᵉ Section ;	
H. Denus, 1ᵉʳ Surveillant de la 1ʳᵉ Section ;	
Gustave Mesureur, Orateur de la 1ʳᵉ Section ;	
Dubois, Secrétaire de la 1ʳᵉ Section ;	
A. Ballue, Membre de la Commission administrative et exécutive du Sup.˙. Cons...............	27
5° Lettre adressée au Tr.˙. Ill.˙. F.˙. Crémieux........	29
6° Protestation de la L.˙. 133, *La Justice*..............	31
7° Protestation des FF.˙. Goumain-Cornille, Gustave Mesureur, H. Denus, A. Dubois..................	34
8° Note rectificative pour la L.˙. 133, *La Justice*.........	38

Pièce N° 1

Proposition soumise à l'examen de la 1ʳᵉ Section de la G∴ L∴ C∴, par le F∴ BALLUE, député de la L∴ 133, LA JUSTICE.

Considérant que sur 250 Ateliers fondés par l'Écossisme en France depuis 1822, plus de 150 sont maintenant en sommeil; que sur 25,000 maçons immatriculés sur les registres de l'Ordre pendant le même laps de temps, le nombre des membres restés actifs est à peine de 4,000 aujourd'hui ;

Considérant que ces irrécusables témoignages d'une décadence profonde n'échappent point au monde profane et rendent d'autant plus difficile le recrutement de nos At∴ ;

Considérant, d'autre part, que les esprits les plus libres et les plus éclairés hésitent à entrer dans une association dont les statuts ne sont point conformes aux principes démocratiques qu'ils professent ;

Considérant, en effet, que des dissentiments sans cesse renaissants entre la Puissance dogmatique et les LL∴ symboliques trahissent, de la façon la plus regrettable, les vices de l'organisation actuelle et que, en vertu même de cette organisation, les At∴ du 3ᵉ degré sont impuissants à porter remède au mal, puisqu'ils ne sont représentés dans le gouvernement du Rite que par *deux* membres sur *quinze* composant la Commission Adm∴ et Exéc∴ du S∴ C∴, alors que leur nombre exigerait des proportions inverses ;

Considérant enfin que la Maç∴ Écoss∴, sous peine de renoncer au rôle fécond que lui assignent ses traditions, l'esprit de son institution et le généreux dévouement de ses membres, sous peine de voir son existence même compromise, ne saurait plus longtemps rester le témoin impassible et muet de sa propre ruine ; mais qu'il lui importe, au contraire, de chercher au plus tôt une solution donnant satisfaction aux légitimes revendications des LL∴ symboliques, tout en respectant les droits et prérogatives de la Puissance dogmatique à laquelle elle entend rester attachée par les liens les plus fraternels ;

Et attendu que la juridiction *essentielle* des SS∴ CC∴ s'arrête aux At∴ supérieurs depuis et y compris ceux du 4ᵉ degré ;

Attendu, en principe, les termes du 3ᵉ des sept points principaux des *Doctrines antiques et imprescriptibles de l'Ordre*, ainsi conçus :

« Chaque Suprême Conseil gouverne par des statuts
« généraux les At∴ de son obédience ; sa puissance est
« *souveraine* et INDÉPENDANTE dans toute l'étendue de sa
« juridiction territoriale∴ » ;

Attendu, encore, les termes suivants de l'article 4 du Contrat d'Alliance des SS∴ CC∴ confédérés de 1875 :

« Les conditions requises pour donner droit à faire
« partie de la Confédération des SS∴ CC∴ sont les sui-
« vantes : ..... Être le Chef Suprême, souverain absolu
« du Rite Écoss∴ anc∴ acc∴ dans sa juridiction, en ce
« qui concerne au moins tous les degrés *au dessus
« du 3ᵉ*..... Si un S∴ C∴ confédéré fait partie consti-
« tuante d'un Gr∴ O∴, nul de ses actes, par rapport aux
« degrés AU-DESSUS DU 3ᵉ, ne pourra être contrôlé ou
« révisé, etc..... » ;

Attendu, en fait, qu'un certain nombre de S∴ C∴ confédérés, en reconnaissant et maintenant l'autonomie des L∴ L∴ symboliques de leur obédience, en admettant entre elles et eux un pouvoir intermédiaire, émanation directe des at∴ du 3ᵉ degré, nous fournissent ainsi des exemples d'organisation maç∴ analogue à celle où la maç∴ Ecoss∴ de France compte trouver les éléments de sa régénération;

Attendu, notamment, que le S∴ C∴ pour l'Angleterre, le Pays de Galles et les dépendances de la Couronne Britannique reconnaît expressement l'indépendance de ses LL∴ symboliques dans une déclaration dont voici la teneur :

« Le S∴ C∴ n'entervient ni ne s'immisce dans l'auto-
« rité de la Grande Loge gouvernant les trois degrés sym_
« boliques, mais lui reconnaît expressement cette auto-
« rité, n'admettant personne aux hauts grades à moins
« qu'il n'ait été nommé auparavant maître dans une Loge
« régulièrement constituée »;

Attendu, enfin, que si les exigences inquiètes des gouvernements profanes qui se sont succédé en France expliquaient et justifiaient, de la part de la puissance dogmatique qui nous *couvre*, un contrôle incessant et une ingérence minutieuse dans les travaux et règlements des At∴ de son obédience, une situation politique toute nouvelle rend à la Maç∴ sa liberté d'action et dégage, par conséquent, la responsabilité du S∴ C∴;

Attendu, en résumé, que le S∴ C∴, dans la plénitude d'une souveraineté que lui reconnaissent les doctrines fondamentales de l'Ordre et les termes du contrat d'alliance entre les Puissances dogmatiques confédérées, dans son indépendance vis-à-vis d'un gouvernement profane respectant toutes les libertés, ne pourrait que sanctionner des réformes destinées à rendre à l'Ecossisme en France sa force, sa vigueur et son éclat;

Pour ces motifs, le soussigné, au nom de la R∴ L∴ 133, *la Justice,* dont il est le député, propose à la 1re section :

1° Qu'une Commission soit nommée par elle à l'effet d'étudier et d'élaborer un projet de Constitution maç∴ établissant l'autonomie des L∴ L∴ symboliques, et instituant entre le S∴ C∴ et elles, dans les limites précises tracées par les grandes Constitutions révisées de 1786 et le contrat d'alliance de 1875, un pouvoir intermédiaire émanant d'elles et dont elles-mêmes relèveraient directement;

2º Ce projet de Constitution, après son adoption par la 1ʳᵉ section, serait soumis à l'étude et à l'approbation des L∴ L∴ symboliques du Rite Ecossais ;

3º La 1ʳᵉ section statuant ensuite définitivement sur sa teneur, le soumettrait à l'approbation du S∴ Cons∴ de France pour en obtenir la promulgation et lui donner force de loi.

A∴ BALLUE,
Député de la L∴ 133.

Pièce Nº 2

Or∴ de Paris, 15 avril 1879.

T∴ C∴ V∴,

L'Écossisme, en France, subit une crise décisive.

Écrasée sous le poids de l'autorité dogmatique, graduellement affaiblie par l'indifférence de la majorité de ses membres, la maç∴ Écossaise peut prévoir l'heure prochaine de sa disparition, si par un noble et vigoureux effort elle ne réagit contre les germes de destruction qu'elle renferme dans son sein.

Après avoir formé et mûri tant de grands citoyens, nos Loges symboliques voient peu à peu leurs colonnes désertées par tous ceux dont le caractère profondément démocratique refuse de se soumettre à la constitution autocratique qui les régit.

Sans contrôle sur l'emploi des finances du Rite, nos ateliers sentent leur existence matérielle menacée par les impôts et les redevances multiples qui les accablent.

Leur influence morale est encore plus gravement atteinte par le régime de compression qu'ils ont à subir. Tout effort viril est blâmé, tout travail inspiré par l'esprit de liberté censuré, toute initiative stérilisée par une réglementation excessive qui condamne fatalement à une immobilité mortelle.

Comment ne pas voir qu'avec des phalanges réduites, sans un budget équilibré, dans l'impuissance de soutenir et diriger aucune institution maçonnique où nos principes soient mis en pratique, l'Écossisme est fatalement conduit à perdre peu à peu toute puissance morale?

Hélas! notre association, si merveilleusement constituée pour combattre le cléricalisme, ne méritera bientôt plus peut-être l'honneur des anathèmes pontificaux, et les foudres du Vatican tomberont dans nos temples déserts!

Tous ces effets d'une désorganisation trop évidente, vous les avez certainement vus se manifester avec plus ou moins d'intensité dans l'atelier que vous avez la noble et difficile mission de diriger.

Nous avons recherché les causes du mal et nous croyons qu'il est de notre devoir de les signaler à l'attention de tous nos F∴ F∴ avant que la décadence de l'Écossisme ne soit devenue irrémédiable.

Disons tout d'abord hautement que la responsabilité de la situation ne retombe pas sur ceux qui nous dirigent, mais qu'elle appartient tout entière à nos vieilles constitutions, très-bien appropriées au gouvernement des ateliers supérieurs, mais impuissantes à donner la vie aux ateliers des trois premiers degrés.

Heureusement ces mêmes constitutions, si imparfaites qu'elles soient, portent en elles le remède qui peut sauver l'Écossisme en danger. Ne reconnaissent-elles pas aux Loges symboliques le droit indéniable de s'administrer et de jouir d'une autonomie complète, sans pour cela porter atteinte aux prérogatives du Sup∴ Cons∴, qui pour tout vrai et fidèle maçon, doit être vis-à-vis de la maç∴ universelle l'expression la plus haute de l'Écossisme?

D'autre part, un examen attentif de l'heureux développement de la maçonnerie Écossaise à l'étranger nous a fait aisément reconnaître, ce que nos légitimes aspirations nous faisaient pressentir, que leur état de prospérité était dû à la liberté dont jouissent presque partout les Loges symboliques, et nous en avons conclu, comme vous le ferez avec nous, qu'en France, terre classique de la liberté, l'autonomie des Loges amènerait les mêmes résultats.

Nous demandons donc à être libres comme nos FF∴ des maçonneries bleues de l'Amérique du Nord, de l'Amérique du Sud, de l'Angleterre, de la Belgique, de la Suède, de la Norwège, de la Hongrie, de l'Allemagne, d'Irlande, d'Écosse, etc., etc.

Tel est le but de la proposition déposée à la 1re section de la grande Loge Centrale que nous vous soumettons avec confiance.

C'est à vous, T∴ C∴ V∴, c'est à tous les membres de votre R∴ At∴ que nous en appelons, au nom de la justice, au nom de l'Écossisme qui se meurt, pour soutenir cet admirable mouvement d'émancipation qui a pu se développer et grandir au sein de la réunion des députés des Loges par son caractère vraiment maç∴ et constitutionnel.

La proposition qui vous est soumise est le résultat de nos études, elle vous paraîtra peut-être incomplète. Mais devait-elle se présenter à vous avec la précision d'une solution définitive? Non, c'est aux LL∴ elles-mêmes qu'appartient le droit de formuler la loi de leur existence.

Nous espérons que vous voudrez bien prendre cette grande cause en mains et que vous penserez avec l'auteur de la proposition soumise à la 1re section que le moyen pratique pour les Loges d'atteindre ce but est :

1° De donner mandat à leur député près la 1re section de la Grande Loge Centrale d'établir un projet de constitution ;

2° D'étudier dans leur sein ce projet avec maturité et indépendance, en l'amendant et le modifiant pour en faire l'expression exacte des vœux et des besoins de la Maç∴ symbolique ;

3° De demander au Sup∴ Cons∴ de promulguer cette constitution en vertu de ses pouvoirs souverains.

Ce grand résultat obtenu, qui pourrait nier que la constitution élaborée dans vos temples ne fût l'expression même des sentiments et des volontés de tous ?

Paul GOUMAIN-CORNILLE,
8, rue de Rivoli,
Vice-Président de la 1re Section de la *Gr∴ L∴ C∴*,
Député de la L∴ N° 166, *L'Écossaise.*

H. DENUS,
168, rue St-Denis,
1er Surveillant de la 1re Section de la *Gr∴ L∴ C∴*,
Député de la L∴ n° 216, *Égalité et Progrès.*

Gustave MESUREUR,
28, rue du Sentier,
Orateur de la 1re Section de la *Gr∴ L∴ C∴*
Député de la L∴ n° 38, *L'Olivier Écossais.*

A. DUBOIS,
168, rue St-Denis,
Secrétaire de la 1re Section de la *Gr∴ L∴ C∴*,
Député de la L∴ n° 89, *Les Amis de la Vérité.*

A. BALLUE,
111, rue de la Pompe,
Délégué près la Commission administrative et exécutive du Sup∴ Cons∴, par la 1re Section de la *Gr∴ L∴ C∴*,
Député de la L∴ n° 133, *La Justice.*

Pièce N° 3

Extrait du procès-verbal du Sup∴ Cons∴ de France dans sa séance du 12 mai 1879.

Le Suprême Conseil,

Vu le rapport de la Commission par lui nommée à cet effet,

Après en avoir délibéré,

Considérant que la L∴ N° 133 *la Justice* a publié et mis en circulation, sans autorisation préalable, une première brochure à la date du 3 janvier dernier, et une seconde brochure à la date du 7 février, lesquelles brochures ont été envoyées aux L∴ L∴ et aux maçons du Rite ;

Que par cette publication illégale elle a contrevenu à l'article 86 des Réglements généraux ;

Que ces écrits irréguliers sont, en fait, un appel à la révolte et tendent à une transformation et à une désorganisation radicale du Rite ;

Que lesdites brochures renferment des allégations erronées et mensongères, en accusant l'autorité Sup∴ :

1° D'attenter à la liberté de conscience ;

2° De nier l'autonomie des Loges ;

3° Et d'abuser de l'esprit d'autorité ;

Que pour surprendre la bonne foi des maç∴ et égarer l'opinion des Loges, les signataires de ces divers documents ont ajouté indûment à leur signature leurs titres de membres et d'officiers de la 1re Section, en violation des articles 43 et 44 des Réglements généraux ;

Que la L∴ N° 133, en défendant à ses membres de s'élever hiérarchiquement au-dessus du troisième degré, viole la liberté maç∴ et qu'elle enfreint les Réglements généraux dans leurs dispositions générales;

Qu'en essayant de faire sortir la 1re Section de ses attributions spéciales elle enfreint l'article 40 des Réglements généraux;

Qu'elle ne s'est pas conformée aux articles 500 et 514 de ces mêmes Réglements pour faire parvenir régulièrement ses réclamations à l'autorité Sup∴;

Attendu que la L∴ N° 133, après avoir été mise en sommeil en 1874 et après avoir abandonné le Rite Ecossais pour passer sous une autre Obédience (1), est rentrée librement dans le sein de l'Ecossisme depuis deux ans; accueillie sous sa promesse formelle de se conformer à toutes les prescriptions des Statuts des Réglements généraux;

Qu'elle est d'autant plus coupable alors d'avoir manqué à des engagements aussi solennels en provoquant et en propageant depuis quatre mois une agitation dangereuse et qui pourrait compromettre l'existence même du Rite;

Décrète :

Art. 1er. — La L∴ N° 133 *la Justice*, à l'Or∴ de Paris est mise en sommeil. Cet at∴ est dissous et cesse de faire partie du Rite Ecossais ancien accepté, à partir de ce jour.

Art. 2. — La L∴ N° 133 devra se conformer aux prescriptions des articles 454 et 455 des Réglements généraux.

Art. 3. — Le présent décret sera notifié à la L∴ N° 133 et communication en sera faite à tous les at∴ du Rite.

---

(1) Lire à ce sujet la Note rectificative pièce n° 8.

Art. 4. — Le Gr∴ Chanc∴ du Rite est chargé de la notification et de l'exécution du présent décret.

Vu et approuvé :
Le Souv∴ Gr∴ Comm∴ Gr∴ M∴
AD. CREMIEUX, 33ᵉ.

Pour extrait :
Le Gr∴ Secrét∴ Gr∴ Chanc∴ du Rite,
G. GUIFFREY, 33ᵉ.

Pièce N° 4

Or∴ de Paris, 12 mai 1879. (E. V.)

Extrait du procès-verbal du Sup∴ Cons∴ de France dans sa séance du 12 mai 1879.

Le Suprême Conseil,

Vu la circulaire en date du 15 avril 1879, signée par cinq officiers et membres de la 1ʳᵉ Section de la Gr∴ L∴ Cent∴ ;

Vu les Pl∴ de protestation contre cette circulaire qui nous sont déjà parvenues de la part d'un grand nombre d'ateliers du Rite ;

Vu le rapport de la Commission nommée à cet effet ;

Considérant que cette circulaire a été adressée aux ateliers du Rite sans autorisation préalable et en violation de l'article 86 des Réglements généraux ;

Considérant que ce document, d'une violence regrettable dans la forme, est en outre calomnieux dans le fond, et qu'il ne tend à rien moins qu'à porter le trouble et même la scission dans les L∴ L∴;

Attendu que les F∴ F∴

Paul Goumain-Cornille,
H. Denus,
Gustave Mesureur,
A. Dubois,
A. Ballue,

Auteurs de la dite circulaire, l'on signée en s'appuyant indûment de leurs titres et qualités d'officiers et de membres de la 1re Section;

Leur faisant application des articles 393 et 394 des Réglements généraux;

Décrète:

Art. 1er. — Les F∴ F∴ Goumain-Cornille, H. Denus, Gustave Mesureur, A. Dubois et A. Ballue, sont suspendus de leurs droits et fonctions maçonniques, pendant la durée de deux ans à partir de ce jour.

Art. 2. — Le présent décret leur sera notifié et sera envoyé à tous les ateliers du Rite.

Art. 3. — Le Gr∴ Secrét∴ Chancel∴ du Rite est chargé de la notification et de l'exécution du présent.

Vu et approuvé:
Le Souv∴ Gr∴ Comm∴ Gr∴ M∴
AD. CREMIEUX, 33e.

Pour extrait:
Le Gr∴ Chanc∴ du Rite,
G. GUIFFREY, 33e.

Pièce N° 5

*Lettre adressée au Tr∴ P∴ Souv∴ G∴ Comm∴ Gr∴ M∴
le T∴ Ill∴ F∴ Crémieux.*

Paris, 16 mai 1879.

T∴ P∴ S∴ G∴ C∴ G∴ M∴,

On vous trompe ; on abuse de votre confiance. Mêlé aux grandes affaires du pays, absorbé par les laborieux travaux que réclame de vous l'établissement et l'organisation de la République en France, vous ne pouvez donner votre temps à l'étude des graves questions qui passionnent en ce moment les Loges symboliques du Rite.

Élevé à la première dignité parmi nous, mais éloigné des centres où se sont réfugiés les derniers restes de l'activité maçonnique, vous ne connaissez ce qui se passe dans nos ateliers que par les rumeurs lointaines que des intermédiaires intéressés veulent bien laisser venir jusqu'à vous.

Douleureusement émus du décret du 12 mai dernier, qui nous suspend de nos droits et de nos fonctions pendant deux années, nous croyons de notre devoir, dans l'intérêt général de la francmaçonnerie, de protester contre une mesure dictatoriale prononcée sans avoir même entendu les parties intéressées. Conformément à l'art∴ 7 des Grandes Constitutions révisées au Convent de Lausanne, nous interjetons appel de la décision du Sup∴ Cons∴ qui nous frappe devant le Sup∴ Cons∴ mieux informé, et nous vous remettons copie de la protestation que nous adressons au Secrétariat général pour que vous puissiez en apprécier les motifs.

Permettez-nous maintenant de vous manifester notre étonnement que « dans une association d'hommes « libres, réunis dans le but d'être utiles à leurs sembla- « bles, » la liberté soit systématiquement bannie. Pensez-vous que dans un pays où l'ordre républicain commence à exister la francmaçonnerie puisse rester en arrière des progrès accomplis dans le monde profane? Constitué pour être l'initiateur et le propagateur de toutes les libertés humaines, l'Ecossisme, par une étrange contradiction, nous offre le spectacle de toutes les intolérances et de la négation des libertés les plus élémentaires Ne comprenez-vous pas que cette situation ne peut se perpétuer sans dommage, que si nos ateliers deviennent de plus en plus délaissés, si notre influence extérieure est presque détruite, c'est parce que notre institution commence à ne plus avoir sa raison d'être, puisque les profanes, en entrant dans nos temples, savent devoir y trouver des entraves dont ils sont dégagés dans la vie civile.

Et pourtant, vous qui êtes un des républicains les plus clairvoyants de nos Assemblées, vous qui n'avez cessé depuis un demi-siècle de revendiquer constamment les droits imprescriptibles de la liberté, vous qui avez accepté de devenir notre Grand Maître, vous, l'un des pères du suffrage universel en France, qui regrettiez lors de votre installation de ne pouvoir soumettre votre élection par le Sup∴ Cons∴ à la ratification de tous vos F∴ F∴ de l'Ecossisme, vous ne pouvez ignorer tout le bien qu'était appelé à faire la francmaçonnerie! Souvent, dans vos éloquentes improvisations, vous avez tracé un merveilleux tableau de ses devoirs vis-à-vis de la grande famille humaine et de son rôle dans la société française.

Ce sont vos principes que nous avons voulu appliquer

et c'est pour avoir voulu passer de la théorie à la pratique que nous sommes frappés d'ostracisme.

Veuillez agréer, T∴ P∴ S∴ G∴ C∴ G∴, M∴, l'hommage de nos sentiments respectueux et fraternels.

Paul GOUMAIN-CORNILLE,
Vice-Président de la 1re Section.

H. DENUS,
1er Surveillant de la 1re Section.

Gustave MESUREUR,
Orateur de la 1re Section.

A. DUBOIS,
Secrétaire de la 1re Section.

PIÈCE N° 6

Protestation de la L∴ 133, LA JUSTICE.

Nous soussignés, Officiers élus pour l'exercice 1879 de la R∴ L∴ 133, *la Justice*, Orient de Paris,

Vu le Décret du Sup∴ Cons∴ en date du 12 mai 1879 (E∴ V∴), qui prononce la mise en sommeil de la Loge 133 et la déclare dissoute et rayée des contrôles du Rite Écossais ancien accepté ;

En la forme :

Considérant que les motifs invoqués à l'appui de cette grave décision sont sans valeur juridique, aux termes de nos Règlements généraux, et que dans tous les cas ils sont inapplicables à la Loge frappée ;

Que par un défaut de logique involontaire sans doute, le Sup∴ Cons∴ prétend rendre responsable tout un atelier de faits personnels à quelques-uns de ses membres ayant agi individuellement, suivant les indications de leur conscience ;

Que le but évident de ces rigueurs semble être de se débarrasser à tout prix, sans se préoccuper des moyens, d'une Loge animée d'un esprit progressif et libéral qui trouble la quiétude du Sup∴ Cons∴ et dérange ses habitudes d'autorité sans contrôle ;

Que cette intention se dévoile dans ce fait que les F∴ F∴ Denus, Dubois, Mesureur, Ballue, Goumain-Cornille, ne sont atteints que de deux ans de suspension, tandis que l'at∴ *la Justice*, dont l'unique crime se borne à compter parmi ses membres trois des coupables, est frappé de dissolution, c'est-à-dire d'une peine perpétuelle ;

Qu'il est contraire à la vérité de dire que la L∴ 133 a publié et mis en circulation les brochures des F∴ F∴ Gustave Mesureur et Paul Goumain-Cornille, mais qu'il est de notoriété que ces écrits maç∴, œuvres personnelles de ces F∴ F∴ ont été imprimés et distribués sous leur propre responsabilité ;

Que le F∴ Mesureur, en ce qui le concerne, n'a fait pour ainsi dire que déférer au désir manifesté par le T∴ Ill∴ F∴ Granvigne, membre du Sup∴ Cons∴, qui honorait le 3 janvier dernier la L∴ *la Justice* de sa présence, et qui à cette tenue demandait la parole pour féliciter le F∴ Mesureur sur le travail qu'il venait de lui entendre lire, et en réclamait avec instance l'impression, sans toutefois accepter certaines des vues de l'auteur ;

Que si les F∴ F∴ Paul Goumain-Cornille, Gustave Mesureur et A. Ballue ont poursuivi avec ardeur le but d'une organisation nouvelle des at∴ symboliques du Rite Écossais, ils ont toujours su rester dans les limites de leurs obligations maç∴, et que loin d'en appeler à la révolte contre le Sup∴ Cons∴, ils n'ont cessé de chercher dans les Constitutions un terrain de conciliation pour établir les réformes nécessaires ;

Qu'il est faux de prétendre que la L∴ 133 a fait défense à ses membres de s'élever hiérarchiquement au-dessus du 3ᵉ degré, et que rien dans ses règlements particuliers, soumis à l'approbation de la 1ʳᵉ Section et ratifiés par le Sup∴ Cons∴, ne fait obstacle à ce que chacun de ses membres suive ses inspirations personnelles à cet égard ;

Qu'il est singulier de condamner des F∴ F∴ à cause de leur modestie, et que jamais jusqu'à ce jour on n'avait eu le spectacle extraordinaire d'une association rejetant de son sein plusieurs de ses membres coupables seulement de ne pas rechercher les distinctions honorifiques ;

Sur le fond :

Considérant que ces rectifications n'ont d'autre but que de montrer l'inanité des allégations qui servent à motiver la décision du Sup∴ Cons∴, et que loin de désavouer les FF∴ victimes du décret du 12 mai, la L∴ 133 approuve la rectitude de leur conduite maç∴ et accepte la solidarité de leurs actes ;

Qu'il y a imprudence de la part du Sup∴ Cons∴ à prétendre erronés et mensongers les reproches qui lui sont faits :

D'attenter à la liberté de conscience,

De nier l'autonomie des Loges,

D'abuser de l'esprit d'autorité ;

Que rien ne peut mieux justifier ces trois allégations que les deux décrets du 12 mai ;

Que pour tout esprit impartial, ces mesures dictatoriales sont évidemment infestées de l'esprit d'autorité, destructives de l'autonomie des Loges, et attentatoires à la liberté de pensée ;

Par ces motifs,

Nous protestons, dans l'intérêt de l'Ordre en général et de notre R∴ L∴ en particulier, contre la dissolution qui frappe l'at∴ 133, *la Justice*, et nous interjetons appel du décret du 12 mai, conformément à l'article 7 des Grandes Constitutions révisées du convent de Lausanne.

Le Vén∴,
Paul GOUMAIN-CORNILLE.

Le 1ᵉʳ Surveillant,   Le 2ᵉ Surveillant,
E. DESMOULINS.   L'Orateur,   **J. LEGROS.**
Gustave MESUREUR.

Le Secrétaire,
Edmond DEWAILLY.

Pièce Nº 7

Protestation des FF∴ Paul Goumain-Cornille, H. Denus, Gustave Mesureur *et* A. Dubois.

Nous soussignés,

Vu le décret du Sup∴ Cons∴ en date du 12 mai 1879 (E∴ V∴), qui nous déclare suspendus de nos droits et fonctions maç∴ pendant la durée de deux ans;

En fait,

Attendu qu'avant comme après cette décision, nous n'en sommes pas moins de bons et fidèles maçons;

Attendu que dans nos paroles, dans nos actes et dans nos écrits maçonniques, nous n'avons jamais eu en vue que le bien général du Rite Écossais et le développement progressif de nos institutions ;

Attendu que quelle que soit l'issue du conflit engagé, ce sera toujours pour nous un titre d'honneur que d'avoir essayé de réagir contre les causes de décadence que l'Écossisme renferme en lui ;

Attendu que les critiques formulées par nous dans la circulaire du 15 avril, en termes si modérés, loin d'être calomnieuses, sont malheureusement l'expression exacte de la vérité, et qu'il n'en est pas une que nous ne puissions justifier à l'aide du seul Memorandum, recueil officiel et trop incomplet des actes de la franc-maçonnerie Écossaise en France ;

Attendu que la violence même des mesures prises par le Sup. Cons∴ indique qu'il n'est pas absolument certain d'avoir pour lui la raison et le bon droit, puisqu'il ne laisse pas à l'initiative des députés de la 1re Section le soin de faire justice d'actes réputés condamnables, objets, paraîtrait-il, de protestations d'un grand nombre d'ateliers ;

Attendu que la précipitation apportée à la rédaction du décret par le Sup∴ Cons∴ rend surtout manifeste sa crainte de ne pas avoir en séance solennelle les sympathies générales des Loges et des membres qui la composent ;

En droit,

Attendu que nul ne peut être condamné sans avoir été admis à présenter ses moyens de défense ;

Attendu que le Sup∴ Cons∴, en frappant sans les entendre des F∴ F∴ dévoués à la prospérité de l'ordre, a violé un principe de droit naturel inscrit en tête de toutes les législations ;

Attendu que le Sup∴ Cons∴, qui a agi uniquement en vertu de ses pouvoirs dictatoriaux, prétend à tort abriter la légalité de sa décision derrière les articles 393 et 394 visés dans le décret ;

Attendu que ces articles, spécialement rédigés en vue du droit de juridiction des Loges sur leurs membres, sont inapplicables à notre égard, comme il est aisé de s'en convaincre par une lecture attentive de leur texte ;

Attendu que dans tous les cas il ne peut être fait usage contre nous que de l'un ou de l'autre de ces articles, et non des deux simultanément, puisque l'un régit les délits de première classe et l'autre ceux de seconde classe ;

Attendu que le décret a omis de nous faire savoir, ce qui était notre droit, de quelle classe étaient les délits dont nous nous sommes rendus coupables ;

En ce qui concerne la violation de l'article 86, également visé par le décret et ainsi conçu :

« Les ateliers, avant de distribuer aucune brochure, « circulaire ou pl∴ maç∴ aux autres ateliers de l'obé- « dience, doivent obtenir l'autorisation préalable de la « puissance dogmatique. »

Attendu que nous sommes en droit de contester l'application qui nous en est faite, puisque cet article ne prononce d'interdiction que contre les écrits émanant d'un atelier, et qu'il est évident que la circulaire adressée par nous à toutes les Loges ne revêt pas le caractère d'un document de cette nature ;

Attendu que nous avons reçu individuellement de la L∴ n° 248, *la Fraternité dans la Mitidja*, une planche circulaire adressée à tous les Vén∴ et Dép∴ des at∴ du Rite Écossais, revêtue des signatures des cinq lumières, et que cet écrit, pas plus que le nôtre, n'est revêtu de l'autorisation de la puissance dogmatique ;

Attendu que vainement le Sup∴ Cons∴, pour couvrir l'infraction commise par une Loge amie de son autorité, prétendrait qu'il a donné son approbation à cette publicité ;

Attendu que cette argumentation serait réfutée par les faits, puisque la planche, après avoir été rédigée dans la tenue solennelle du 3 mai de la L∴ n° 248, Or∴ de Blidah, a été expédiée directement de cette ville aux soussignés, à la date du 6 mai, comme l'indique le timbre de la poste, c'est-à-dire trois jours seulement après la rédaction définitive et avant tout échange possible de correspondance avec le Sup∴ Cons∴ pour obtenir son assentiment ;

Attendu qu'il est impossible qu'une autorité qui se respecte ait deux poids et deux mesures, qu'il n'est pas non plus admissible que l'article 86 soit applicable aux seuls F∴ F∴ qui déplaisent au Sup∴ Cons∴, tandis qu'il sommeille pour ceux qui lui sont agréables ;

Attendu, néanmoins, que loin de réclamer les rigueurs du Sup∴ Cons∴ contre la L∴ *la Fraternité dans la Mitidja*, créée le 7 juin 1878, dont la jeunesse parmi nous mérite des circonstances atténuantes, nous pensons au contraire devoir la féliciter de nous avoir suivis sur le terrain de la libre discussion et d'avoir fait entendre, contradictoirement aux Loges, ce qu'elle croit être l'expression de la vérité ;

Attendu, enfin, qu'il est de droit public dans toutes les sociétés civilisées que le mandat de député confère l'inviolabilité à ceux qui en sont pourvus, et ne les rend justiciables que de l'assemblée où ils siégent ; qu'il est regrettable que cette première garantie de discussion n'existe pas dans le Rite Écossais ;

Par ces motifs et tous autres à déduire oralement si le Sup∴ Cons∴ consent à entendre les soussignés, comme il y est obligé par l'équité et par l'article 7 des Grandes Constitutions révisées à Lausanne,

Déclarons au Sup∴ Cons∴ que nous interjetons appel de la décision qui nous frappe injustement.

Paris, 16 mai 1879.

Signé :

Paul GOUMAIN-CORNILLE,
8, rue de Rivoli,
Vice-Président de la 1ʳᵉ Section,
Député de la L∴ 166, *l'Écossaise,*
Vén∴ de la L∴ 133, *la Justice.*

Gustave MESUREUR,
28, rue du Sentier,
Orateur de la 1ʳᵉ Section,
Député de la L∴ 38, *l'Olivier Écossais,*
Orateur de la L∴ 133, *la Justice.*

H. DENUS,
168, rue Saint-Denis,
1ᵉʳ Surveillant de la 1ʳᵉ Section,
Député de la L∴ 216, *Égalité et Progrès*

A. DUBOIS,
168, rue Saint-Denis,
Secrétaire de la 1ʳᵉ Section,
Député de la L∴ 89, *les Amis de la Vérité*
Orateur de la L∴ *la Franche-Union.*

Pièce N° 8

Note rectificative pour la L∴ 133, La Justice.

Dans un des derniers considérants du décret qui dissout la L∴ N° 133, *la Justice,* le Sup∴ Cons∴ rappelle que cet at∴ a été mis en sommeil en 1874. Ce fait est exact, mais il est faux d'ajouter que la L∴ N° 133 a abandonné à cette époque le Rite Ecossais pour passer sous une autre Obédience.

Voici ce qui a eu lieu. Plusieurs des membres de cet at∴, attirés par les propositions fraternelles de la L∴ *Jérusalem des Vallées Egyptiennes* du Rite Français et désireux de ne pas interrompre toute activité maç∴, se sont fait affilier individuellement dans cette L∴ avec laquelle depuis longtemps ils avaient noué des relations sympathiques, qui n'ont fait qu'augmenter depuis, en dépit des rivalités qui existent entre les gouvernements du Sup∴ Cons∴ et du Grand Orient, rivalités dont les L∴ L∴ bleues des deux Rites ont toujours eu à cœur de se désintéresser. Il n'y a eu là qu'une situation maç∴ spéciale aux F∴ F∴ affiliés et qui n'a jamais eu le caractère d'un acte collectif de la L∴ N° 133. Il n'est donc pas vrai de dire que cette L∴ est passée au Rite français. Elle n'a jamais demandé de constitution à cette Obédience et elle est demeurée en sommeil jusqu'au jour où elle a jugé utile à l'intérêt de la maçonnerie Ecossaise de demander l'autorisation de rouvrir ses travaux. Elle ne fait d'ailleurs aucune difficulté de reconnaître que le Sup∴ Cons∴ l'a fraternellement accueillie.

Il n'est pas inutile de constater que dans l'histoire maç∴ de ces dernières années on ne peut citer qu'un seul fait de passage d'une L∴ d'un Rite dans un autre, et il nous est fourni par la L∴ N° 235 *les vrais Frères-Unis inséparables*, qui n'en est pas moins sympathique pour cela au Sup∴ Cons∴. Cette L∴ a quitté, en 1875, avec éclat le Grand Orient où elle existait sous le titre distinctif des *Frères Unis-Inséparables* pour se constituer sous l'Obédience du Sup∴ Cons∴. La L∴ *la Justice*, a eu l'occasion de porter à la connaissance de tous les at∴ du Rite Ecossais les circonstances fâcheuses au milieu desquelles s'est produite cette transformation. Le Sup∴ Cons∴ a de plus été saisi tout dernièrement par quelques-uns des membres de la L∴ N° 133, agissant en leurs noms privés, d'une plainte contre l'un des membres les plus en vue de cet at∴ des *vrais frères Unis-Inséparables*, dans le but de faire la lumière sur les incidents qui ont accompagné la permutation de cette Loge. Il n'a pas encore été statué sur cette affaire, et il est permis de croire que les mesures énergiques prises contre la L∴ *la Justice* sont en partie dictées au Sup∴ Cons∴ par l'espoir qu'il caresse de ne plus avoir à donner son opinion sur les faits qui sont soumis à son appréciation.

Le Sup∴ Cons∴ rapelle plus loin dans son décret du 12 mai que la L∴ *la Justice* a promis formellement, en rouvrant ses travaux, de se conformer à toutes les prescriptions des Réglements généraux. La L∴ n'a pas oublié un seul instant cet engagement solennel et elle n'a pas à regretter de le voir rappeller officiellement.

Tout maçon impartial qui voudra prendre la peine de lire les décrets du 12 mai, les documents qui les ont motivés, et les protestations qui en ont été la conséquence, se rendra facilement compte que la L∴ N° 133, *la Justice* ainsi que ses membres, ont tenu scrupuleusement leur serment et qu'ils n'ont cessé de réclamer des réformes en s'appuyant sur les Réglements généraux et les Constitutions révisées du Convent de Lausanne.

Paris. — Imprimerie du F∴ L. HUGONIS, 19, passage Verdeau.

www.ingramcontent.com/pod-product-compliance
Lightning Source LLC
Chambersburg PA
CBHW061004050426
42453CB00009B/1247